Unsere Welt erleben

Arbeitsheft
Evangelische Religion
Klassen 3/4

Jana Paßler

MILITZKE

Inhaltsverzeichnis

Jesus kennen lernen

Passion und Ostern

In Kirche und Gemeinde

Das bedeuten die Zeichen in diesem Buch:

 Fragen / Aufgaben

 malen

 nachdenken

 basteln

 spielen

 singen

Freunde sein

Mein Freund /
meine Freundin soll:

- freundlich sein
- schöne Kleidung haben
- immer für mich da sein
- stark sein
- viel Taschengeld haben
- sauber sein
- sehr klug sein
- viel Spielzeug haben
- lustig sein
- gut in der Schule sein
- nachsichtig sein
- so sein wie ich
- gut malen können
- keine anderen Freunde haben
- Vertrauen haben
- ....

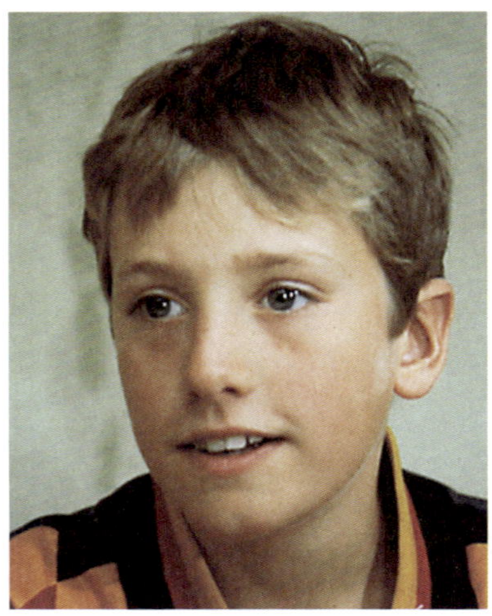

Mein Freund /
meine Freundin darf auch:

- frech sein
- Angst haben
- klein sein
- angeben
- gerne streiten
- schüchtern sein
- dick sein
- eine Brille haben
- schwach sein
- alte Kleidung tragen
- vorlaut sein
- schmutzig sein
- nicht sehr klug sein
- beleidigt sein
- andere Freunde haben
- ....

Wie stellst du dir einen guten Freund / eine gute Freundin vor? Kreise ein, was zutrifft.

Begründe, warum du dich so entschieden hast. Wie wichtig sind diese Eigenschaften für dich?

Sieh dir noch einmal an, was du nicht eingekreist hast. Warum?

Feinde?

Schau dir die Bilder genau an. Wo stehen sich wirkliche Feinde gegenüber?

Suche dir eine Person aus und schreibe auf, welche Gedanken und Gefühle sie gerade bewegen könnten.

Hast du auch einen Feind? Warum ist er dein Feind? Und was kannst du tun, damit ihr Freunde werdet?

Ein Friedensgebet

Oh Herr,
mache mich zu einem
Werkzeug deines Friedens,
dass ich Liebe übe,
wo man sich hasst;
dass ich verzeihe,
wo man sich beleidigt;
dass ich verbinde,
da, wo Streit ist;
dass ich die Wahrheit sage,
wo der Irrtum herrscht;
dass ich den Glauben bringe,
wo der Zweifel drückt;
dass ich die Hoffnung wecke,
wo Verzweiflung quält;
dass ich ein Licht anzünde,
wo die Finsternis regiert;
dass ich Freude bringe,
wo der Kummer wohnt.

Ach Herr,
lass mich trachten:
nicht, dass ich getröstet werde,
sondern dass ich tröste;
nicht, dass ich verstanden werde,
sondern dass ich verstehe;
nicht, dass ich geliebt werde,
sondern dass ich liebe.

Denn wer da hingibt,
der empfängt;
wer sich selbst vergisst,
der findet;
wer verzeiht,
dem wird verziehen;
und wer da stirbt,
der erwacht zum ewigen Leben.

Amen.

(Souvenir Normand, 1912)

Unterstreiche rot, was nicht gut ist, und grün, was gut ist.

Lies das Gebet noch einmal durch. Was ist für dich besonders wichtig? Warum?

Gemeinsam geht es besser

Erzähle die abgebildete Geschichte nach.

Finde andere Beispiele dafür, dass es gemeinsam besser geht. Zeichne ein Bild oder eine Bildergeschichte.

Du hast aber angefangen!

Tom und Manuel sind Schulfreunde. Sie streiten sich manchmal.

Erzähle die Geschichte von Tom und Manuel. Wie hättest du an ihrer Stelle gehandelt?

Was denkst du: Gibt es beim Streiten Sieger und Verlierer? Warum? Warum nicht?

Wie hätten Tom und Manuel ihren Streit beenden können? Zeichne oder schreibe deine Lösung in das freie Feld.

Wie Geschwister sind

Das ist ungerecht!

älterer Bruder / ältere Schwester

Immer muss ich ...
- Mutti und Vati helfen.
- ...
- ...

Nie darf ich ...
- den ganzen Tag machen, was ich will.
- ...
- ...

Immer der / die Kleine ...
- bekommt die teuersten Spielsachen.
- ...
- ...

jüngerer Bruder / jüngere Schwester

Immer muss ich ...
- zeitig ins Bett.
- ...
- ...

Nie darf ich ...
- allein auf der Straße spielen.
- ...
- ...

Immer der / die Große ...
- darf im Auto vorn sitzen.
- ...
- ...

Kennst du solche Sätze? Was fällt dir noch dazu ein? Schreibe es in die Spalten.

Was denkst du: Ist das wirklich ungerecht?

Hast du Geschwister? Was magst du an ihnen, was nicht?

Teilen ist nicht immer leicht

Meins oder deins

2. Darf ich in Ihr Haus rein? Nein, das ist meins!
Es wohnt doch keiner drinnen; trotzdem ist es meins.
Ich stör doch keinen hier im Haus. Warum muss ich denn trotzdem raus?
Weil es eben meins ist, meins, meins, meins!
Weil es eben deins ist, deins, deins, deins!
Meins oder deins, so geht es alle Tage,
meins oder deins, was für 'ne blöde Frage!
Was müssen wir uns keilen, wir können doch auch teilen,
dass jeder immer das bekommt, was er gerade braucht.

3. Gibst du mir dein Fahrrad? Bitte, ist doch klar!
Ich brauch' es auch nicht lange! Frag nicht lang und fahr!
Wäre das nicht fabelhaft, mein und dein wird abgeschafft!
Dann kriegt jeder immer alles, wenn er's braucht.
Dann kriegt jeder immer alles, wenn er's braucht.

(Text: Volker Ludwig; Musik: Birger Heymann)

Was kann man alles teilen? Schreibt eure Ideen an die Tafel.

Denk einmal darüber nach: Warum fällt es dir manchmal schwer, mit anderen zu teilen? Gibt es etwas, das du mit niemandem teilen würdest? Diskutiere mit deinen Mitschülern darüber.

Christen, Juden und Muslime

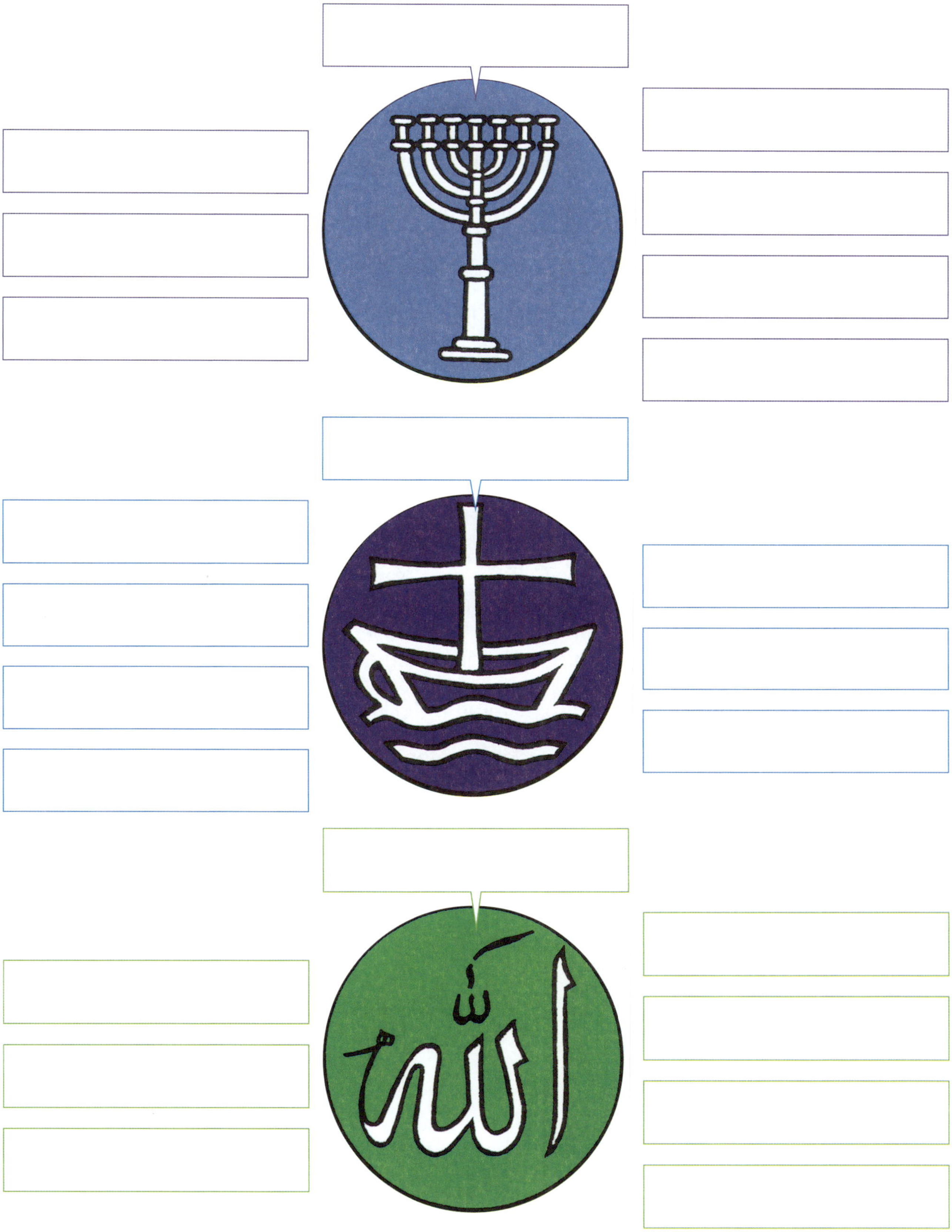

Ordne die folgenden Begriffe dem richtigen Symbol zu und schreibe sie in die Kästchen: Islam, Bibel, Rabbiner, Mohammed, Tora, Ramadan, Kreuz, Sabbat, Moschee, Kirche, Koran, Mose, Gott, Imam, Synagoge, Jesus Christus, Allah, Judentum, Weihnachten, Jahwe, Mekka, Pfarrer, Pessach, Christentum

Said erzählt von seinem Glauben

Liebe Freunde,

heute möchte ich euch etwas über meine Religion erzählen.

Der _____ ist die zweitgrößte Weltreligion nach dem Christentum. Das Wort „Islam" bedeutet Hingabe. Ich bin ______. So werden alle Menschen genannt, die sich zum Islam bekennen. Muslime gibt es überall auf der Welt.

Wir glauben an einen einzigen Gott. Wir nennen ihn ______, das ist das arabische Wort für Gott. Muslime glauben, dass ____ zu vielen Propheten und Gesandten sprach. Für uns ist _________ der größte Prophet. Ihm wurde von Gott offenbart, was die Menschen glauben und was sie tun sollen. Das Wort Gottes wurde im _____ aufgeschrieben. Deshalb ist er für uns eine ________ Schrift. Unser Gotteshaus ist die ________, das heißt übersetzt „Ort, wo man sich niederwirft".

Jeder Muslim soll ____ Pflichten erfüllen. Dazu gehört das Glaubensbekenntnis. Wir ______ fünf Mal am Tag in Richtung Mekka, dafür gibt es ganz bestimmte Vorschriften. Am Freitag zum Mittagsgebet beten die Muslime in der Moschee. Jeder Muslim ist verpflichtet, für bedürftige Menschen zu ________. Im Monat Ramadan ______ wir von Sonnenaufgang bis Sonnenuntergang. Einmal im Leben soll ein Muslim nach _____ zur Kaaba, dem größten Heiligtum des Islam, pilgern.

Unsere schönsten Feste sind das ____________ am Ende des Fastenmonats Ramadan und das ___________ zur Erinnerung an die wundersame Errettung Ismaels.

Schreibe die folgenden Wörter in die Lücken: Zuckerfest, fasten, Moschee, fünf, Allah, beten, Koran, Mekka, Gott, Islam, spenden, Opferfest, Muslim, Mohammed, heilige

Schreibe Said einen Brief über deine Religion.

Zu Besuch in einer Moschee

Auf der Seite 63 findest du alles, was in eine Moschee gehört. Schneide die Teile aus und klebe sie an der richtigen Stelle ein.

Beschreibe die Moschee und ihre Einrichtung. Wozu werden die Einrichtungsgegenstände benötigt?

Der Garten Eden

Und Gott der Herr pflanzte einen Garten in Eden gegen Osten hin. Er nahm den Menschen und setzte ihn in den Garten, damit er ihn bebaute und bewahrte.

(Nach Gen 2,8a.15)

Wie stellst du dir den Garten Eden vor? Male das Bild aus.

Schau dir die Schöpfung an. Hast du schon einmal gesehen, dass eine kleine Blume aus dem Asphalt einer Straße hervorbricht? Worüber kannst du staunen? Schreibe es auf oder zeichne ein Bild dazu.

Was müssen wir tun, damit Gottes Schöpfung erhalten bleibt? Überlegt gemeinsam und schreibt eure Gedanken an die Tafel.

Mein eigener kleiner Garten

Zeichne deinen eigenen kleinen Garten. Welche Pflanzen wachsen dort? Kann man in deinem Garten Fußball spielen? Gibt es auch Tiere?

Beschreibe den anderen deinen Garten und erkläre, warum du ihn so gestaltet hast.

Ich kann etwas tun

In der Schöpfung hat sich Gott offenbart. Er hat sich den Menschen gezeigt. Deshalb ist es für Christen besonders wichtig, die Natur zu erhalten und zu bewahren.

Auch du kannst etwas tun:

Wasser sparen oder ... *Blumen gießen oder ...*

Bei Peter zu Hause fliegt alles in den Mülleimer. Bei Anne gibt es verschiedene Abfallbehälter, denn Annes Familie trennt ihren Müll.
Schau dir die Abbildung an. Was gehört in diese Tonnen?

Warum ist es wichtig, den Müll zu trennen und richtig zu entsorgen?

Tipp:
Wusstet ihr schon, dass man aus Müll tolle Sachen basteln kann? Versucht es einmal!

Ich bin ein Baum

Eines Tages steht Anna auf einer Wiese.
Es ist fast dunkel.
Aber es ist immer noch warm
und es regnet ein bisschen.
Und Anna träumt.
„Ich bin ein Baum", denkt sie.
„Meine Zehen sind die Wurzeln,
die sich ins Gras bohren.
Meine Beine sind der Stamm,
meine Arme die Äste
und meine Finger die Zweige.
Wenn der Wind weht,
schaukle ich hin und her,
vor und zurück.
So.
Und das ist schön ..."

(Hans Peterson)

Stell dir vor, du wärst ein Baum. Wie würdest du aussehen? Zeichne deinen Ich-Baum.

Ein Baum hat starke Wurzeln, einen kräftigen Stamm, viele Äste und Zweige, Blätter, Blüten und Früchte. Schreibe an deinen Baum, wozu alle diese Dinge notwendig sind.

Jakob und Esau

Isaak und Rebekka bekamen Zwillinge: Jakob und Esau.
Und als die beiden Jungen größer wurden, wurde Esau ein Jäger. Tagelang streifte er auf den Feldern umher. Jakob aber wurde ein gesitteter Mann und blieb bei den Zelten.
Vater Isaak hatte Esau lieber und aß gern von seinem Wildbret. Mutter Rebekka aber hatte Jakob lieber.

(Nach 1. Mose 25,27-28)

Wie haben Jakob und Esau ausgesehen? Gestalte die beiden Brüder.

Was weißt du noch von den Zwillingen? Schreibe es auf.

Ein Teller Linsen

Jakob kochte ein Linsengericht. Da kam Esau vom Feld und war müde.
Er sagte zu Jakob: „Lass mich von den Linsen essen, ich bin so hungrig."
Aber Jakob antwortete: „Gib mir dafür das Recht des Erstgeborenen."
Esau sprach: „Na ja, irgendwann muss ich ja doch sterben, was nützt mir da das Recht des Erstgeborenen? Du kannst es haben."
Da gab ihm Jakob Brot und Linsen. Esau aß und trank, dann ging er davon. So wenig achtete er das Recht des Erstgeborenen.

(Nach 1. Mose 25,29-34)

Was denkst du? Warum sind Jakob und Esau nicht gleicher Meinung?

Hier findest du eine Liste von Dingen. Entscheide dich, was du gern haben möchtest. Kreuze es an. Vergleiche dann deine Wünsche mit denen deines Nachbarn. Was stellt ihr fest?

Viel Taschengeld bekommen.

Einen eigenen Fernseher haben.

Vati im Garten helfen und Geld verdienen.

In der Theatergruppe der Schule mitspielen.

Einen eigenen Computer haben.

Vor der Schule mit dem Hund spazieren gehen.

Mit den Eltern in Urlaub fahren.

Ein eigenes Fahrrad besitzen.

Jeden Tag lange schlafen dürfen.

Die Ferien bei Oma und Opa verbringen.

Jeden Sonnabend ins Kino gehen.

Ein schönes Buch lesen.

Jakobs überlistet seinen Bruder Esau

Vater Isaak wurde alt. Er wollte seinem Sohn Esau den Segen geben. Aber das gefiel Mutter Rebekka nicht. Mit ihrer Hilfe erschlich sich Jakob den Vatersegen.

Was ist passiert? Erzähle die Geschichte.

Wie werden sich Vater Isaak, Mutter Rebekka und die Brüder Jakob und Esau nach diesem Betrug fühlen? Schreibe es in die freie Stelle.

Jakobs Traum

Jakob musste von zu Hause fliehen, denn Esau war sehr wütend auf ihn.
Er lief und lief, bis es Nacht wurde. Jakob war ganz allein. Er suchte sich einen Stein, um zu schlafen.
Da träumte Jakob: Er sah eine Leiter, die reichte von der Erde bis an den Himmel. Die Boten Gottes stiegen daran auf und nieder. Und Gott stand oben und sprach:

Wie wird sich Jakob vor dem Einschlafen gefühlt haben? Welche Gedanken werden ihn bewegt haben? Schreibe es auf.

Als Jakob am nächsten Morgen erwacht, erinnert er sich ganz deutlich an seinen Traum. Wie wird es ihm jetzt gehen? Vergleiche mit dem, was du aufgeschrieben hast.

Jakobs Weg – ein Würfelspiel

Jakob ist am Ziel.

Spielanleitung:

Das Spiel ist für zwei bis drei Mitspieler gedacht. Ihr benötigt dazu kleine Spielfiguren in verschiedenen Farben und einen Würfel. Es beginnt der/die Jüngste unter euch. Jeder bekommt eine Figur und darf einmal würfeln.
Setze deine Figur nach den Augen des Würfels. Wenn du auf ein Feld mit einem Bild kommst, musst du die abgebildete Geschichte nacherzählen. Sind deine Mitspieler mit deiner Erzählung zufrieden, darfst du zwei Felder vorrücken. Kannst du die Geschichte nicht erzählen, musst du eine Runde aussetzen.
Gewonnen hat, wer als Erster das Ziel erreicht.

Mein Lebensweg

Das Leben eines Menschen ist wie ein Weg mit verschiedenen Abschnitten und Stationen.

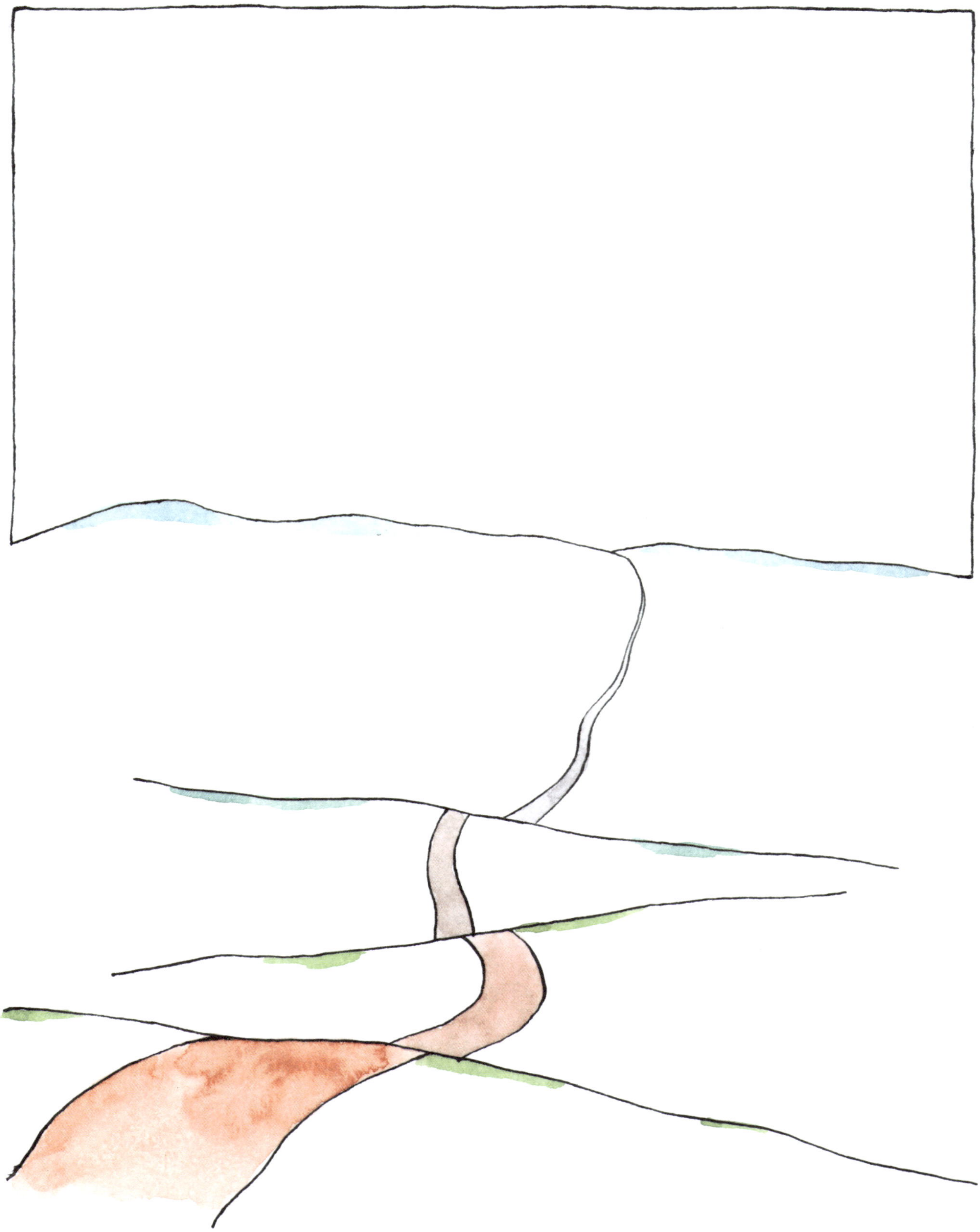

Wie stellst du dir dein Leben vor? Zeichne oder schreibe ein, was du dir für deine Zukunft vorgenommen hast.

Als Sklaven in Ägypten

Lange Zeit lebten die Israeliten glücklich und zufrieden in Ägypten. Eines Tages aber kam ein neuer König an die Macht und machte sie zu Sklaven. Tag für Tag mussten sie schwer für ihn arbeiten.

Die Menschen leiden unter

Die Menschen hoffen auf

Beschreibe, was du auf dem Bild siehst.

Trage in die Rahmen ein, was dir die Menschen über ihr Leben in Ägypten erzählen würden.

Der Weg beginnt

In dieser schweren Zeit wird ein Kind geboren – Mose.
Gott hat Großes mit ihm vor. Es trägt die Hoffnung der Israeliten.

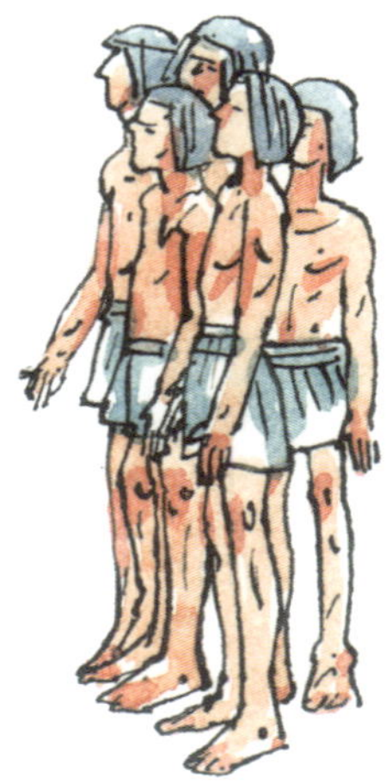

Schreibe in die Rahmen unter den Bildern, was passiert.

Was denkst du: Wird Mose nach Ägypten zurückkehren? Warum? Warum nicht?

Gott spricht zu Mose

Marc Chagall: Mose vor dem brennenden Dornbusch

Eines Tages hütete Mose die Schafe, als er einen brennenden Dornbusch sah. Verwundert trat er näher. Der Dornbusch brannte, aber er verbrannte nicht!
Da hörte er die Stimme Gottes, die aus dem Dornbusch zu ihm sprach: Mose! Mose!
Er antwortete: Hier bin ich.
Gott befahl ihm: Komm nicht näher! Zieh deine Schuhe aus, denn der Ort, auf dem du stehst, ist heilig.
Mose tat wie ihm geheißen. Er verhüllte sein Gesicht, denn er fürchtete sich, Gott anzuschauen.
Gott sprach zu ihm: Ich bin der Gott deines Vaters, der Gott Abrahams, Isaaks und Jakobs. Ich habe das Elend meines Volkes in Ägypten gesehen und habe das Wehklagen über die Unterdrücker gehört. Ich bin da, um es aus der Hand der Ägypter zu befreien und in ein Land zu führen, in dem Milch und Honig fließen. Mose, geh zum Pharao. Führe mein Volk aus Ägypten hinaus.
Mose fragte: Wer bist du? Was soll ich sagen, wenn mich jemand fragt?
Gott antwortete:

Vervollständige den Text und trage ein, was Gott zu Mose sagt.

Mirjams Lied

(Text und Musik: Claudia Mitscha-Eibl)

2. Die Narben der Knechtschaft an Schultern und Knien,
die Blicke verhalten und scheu,
die Rücken gebeugt noch, so ziehn sie dahin,
und die Freiheit ist drohend und neu.
Es lockt die Versuchung, zurück zu fliehn
in die Sicherheit der Sklaverei.
Doch: Mirjam, Mirjam schlug auf die Pauke ...

3. Die Bande der Knechtschaft, die fall'n langsam ab,
die Schritte verlernen den Trott.
Entwachsen den Ketten, entstiegen dem Grab,
das Leben besiegte den Tod.
Ihr Weg ist noch weit, doch sie haben die Kraft,
denn in ihren Herzen ist Gott.
Denn: Mirjam, Mirjam schlug auf die Pauke ...

Sprecht darüber, welche Gefühle die Israeliten auf ihrem Weg in die Freiheit bewegt haben könnten.

Singt das Lied gemeinsam.

Pessach – das Fest der Befreiung

Die Israeliten mussten Ziegelsteine aus Lehm herstellen.

Ein neues Leben voller Hoffnung beginnt nach der Flucht aus Ägypten.

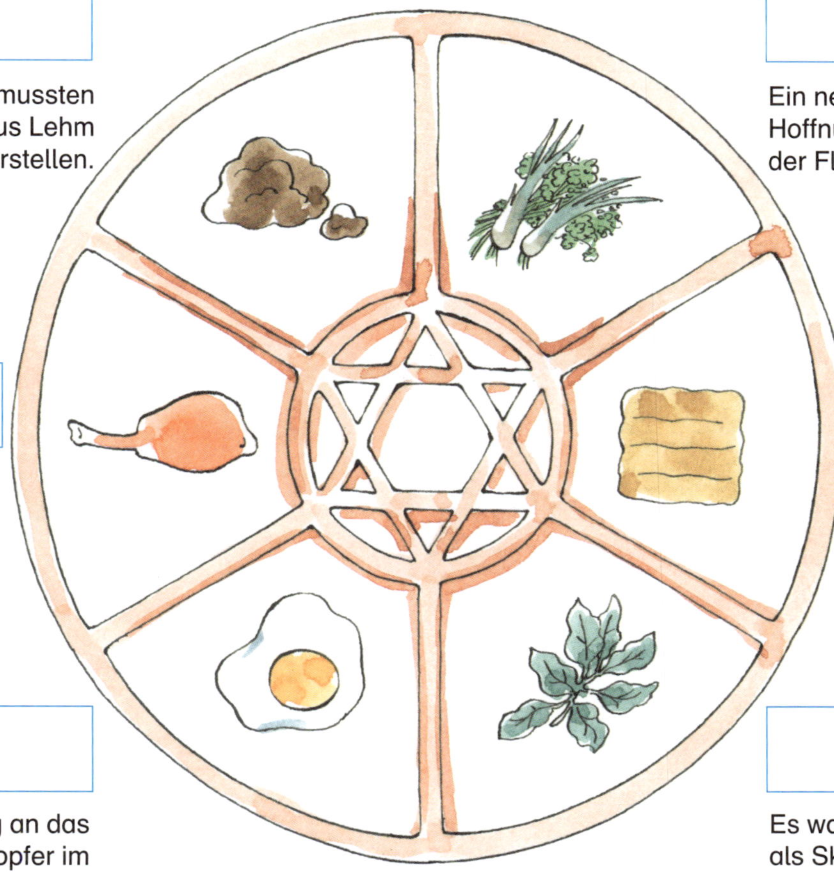

In der letzten Nacht in Ägypten wurde ein Lamm geopfert.

Das Brot konnte nicht mehr gesäuert werden, denn alles geschah in großer Eile.

Eine Erinnerung an das Festtagsopfer im Tempel in Jerusalem.

Es waren bittere Zeiten als Sklaven in Ägypten.

Viele Tränen wurden in der Sklaverei vergossen.

Die vier Fragen

Am Sederabend ist es üblich, dass das jüngste Kind Fragen zu diesem Fest stellt:
Warum wird diese Nacht von allen anderen Nächten unterschieden –

- denn in allen anderen Nächten essen wir Gesäuertes und Ungesäuertes, aber in dieser Nacht nur Ungesäuertes;
- in allen anderen Nächten essen wir verschiedene Arten von Kräutern, aber in dieser Nacht nur bittere;
- in allen anderen Nächten tauchen wir nicht ein einziges Mal Kräuter ein, aber in dieser Nacht tauchen wir zweimal ein;
- in allen anderen Nächten sitzen wir aufrecht oder angelehnt, aber in dieser Nacht nur angelehnt?

(In: Die Pessach-Haggada)

Was befindet sich auf dem Sederteller? Schreibe die Bezeichnungen daran.

Wie würdest du die vier Fragen des jüngsten Kindes beantworten?

Auf dem Weg in das versprochene Land

Wen erkennst du auf diesem Bild?

Sprecht darüber, was ihr über die Wüste wisst. Können Menschen und Tiere in der Wüste überleben? Was benötigen sie dazu?

Überlege, was diese Menschen gedacht und gesagt haben. Schreibe es auf.

Die Israeliten sind auf dem Weg in das Land, wo Milch und Honig fließen. Zeichnet gemeinsam ein Bild, wie ihr euch dieses Land vorstellt.

Mose empfängt Gottes Gebote

Gottes Gebote sind Lebensregeln.
Sie sind Weisungen für ein gutes Leben.
Sie helfen den Menschen, ihr Leben zu gestalten.

Marc Chagall: Mose empfängt auf dem Berg Sinai aus den Händen Gottes die Gesetzestafeln.

Schreibe die Gebote auf ein großes Blatt Papier und gestalte sie nach deinen Vorstellungen.

Überlege, welche Gebote für dich besonders wichtig sind und warum.

Stell dir vor, du hättest die Möglichkeit, weitere Gebote hinzuzufügen. Welche wären das?

Das Licht einer Kerze

Wir zünden zwei Kerzen jetzt am Adventskranz an.
Und die beiden Kerzen sagen's allen dann:
Lasst uns alle hoffen hier und überall,
hoffen voll Vertrauen auf das Kind im Stall.

Es leuchten drei Kerzen so hell mit ihrem Licht.
Gott hält sein Versprechen. Er vergisst uns nicht.
Lasst uns ihm vertrauen hier und überall.
Zeichen seiner Liebe ist das Kind im Stall.

Vier Kerzen hell strahlen durch alle Dunkelheit.
Gott schenkt uns den Frieden. Macht euch jetzt bereit.
Gott ist immer bei uns hier und überall.
Darum lasst uns loben unsern Herrn im Stall!

(Text: Rolf Krenzer, Musik: Peter Janssens)

Singt das Lied gemeinsam.

Warum wird an jedem Sonntag im Advent ein Licht mehr angezündet?

Kennt ihr noch andere Weihnachtslieder? Vielleicht kann jemand von euch ein Instrument spielen? Dann bringt es mit und spielt vor.

Eine Weihnachtspyramide

Viele Menschen stellen zu Hause eine Pyramide auf – man findet sie auch in Kirchen und Pfarrhäusern, in Kindergärten und Schulen, in öffentlichen Gebäuden und auf Weihnachtsmärkten.

Welche Figuren kann man in einer Weihnachtspyramide sehen? Zeichne sie ein und gestalte die Pyramide farbig.

Lest die Weihnachtsgeschichte im Lukasevangelium, Kapitel 2.

Ein Weihnachtsrätsel

1. Die drei _ _ _ _ _ _ aus dem Morgenland besuchten den neugeborenen Jesus.
2. Im Monat _ _ _ _ _ _ _ _ feiern wir die Geburt Jesu.
3. Der neugeborene Jesus lag in einer _ _ _ _ _ _ .
4. Die _ _ _ _ _ _ hüteten die Schafe auf dem Feld.
5. Ein _ _ _ _ _ leuchtete am Himmel und zeigte den Weg zur Krippe.
6. Die Mutter Jesu heißt _ _ _ _ _ .
7. Jesus wurde mitten in der _ _ _ _ _ geboren.
8. Die Männer aus dem Morgenland brachten Gold, _ _ _ _ _ _ _ _ _ und Myrrhe mit.
9. Jesus wurde in einem _ _ _ _ _ geboren.
10. Ein _ _ _ _ _ brachte den Hirten die frohe Nachricht von der Geburt Jesu.
11. Die Mutter wickelte den neugeborenen Jesus in _ _ _ _ _ _ _ .

Löse das Rätsel und schreibe das Lösungswort auf.

Die Sache mit den Weihnachtsgeschenken

Warum beschenken wir uns zu Weihnachten?
Über welche Geschenke würdest du dich besonders freuen, über welche nicht? Warum?

Welches war dein schönstes Weihnachtsgeschenk? Schreibe eine Geschichte dazu.

Der Sabbat

Der siebente Tag der Woche ...

1.

2.

3.

1.
2.
3.

4.

4.

Schreibe in die Rahmen unter den Bildern, wie die Juden Sabbat feiern.

Der Wochenfeiertag der Christen ist der Sonntag. Wie verbringt deine Familie diesen Tag? Erzähle darüber.

In der Synagoge

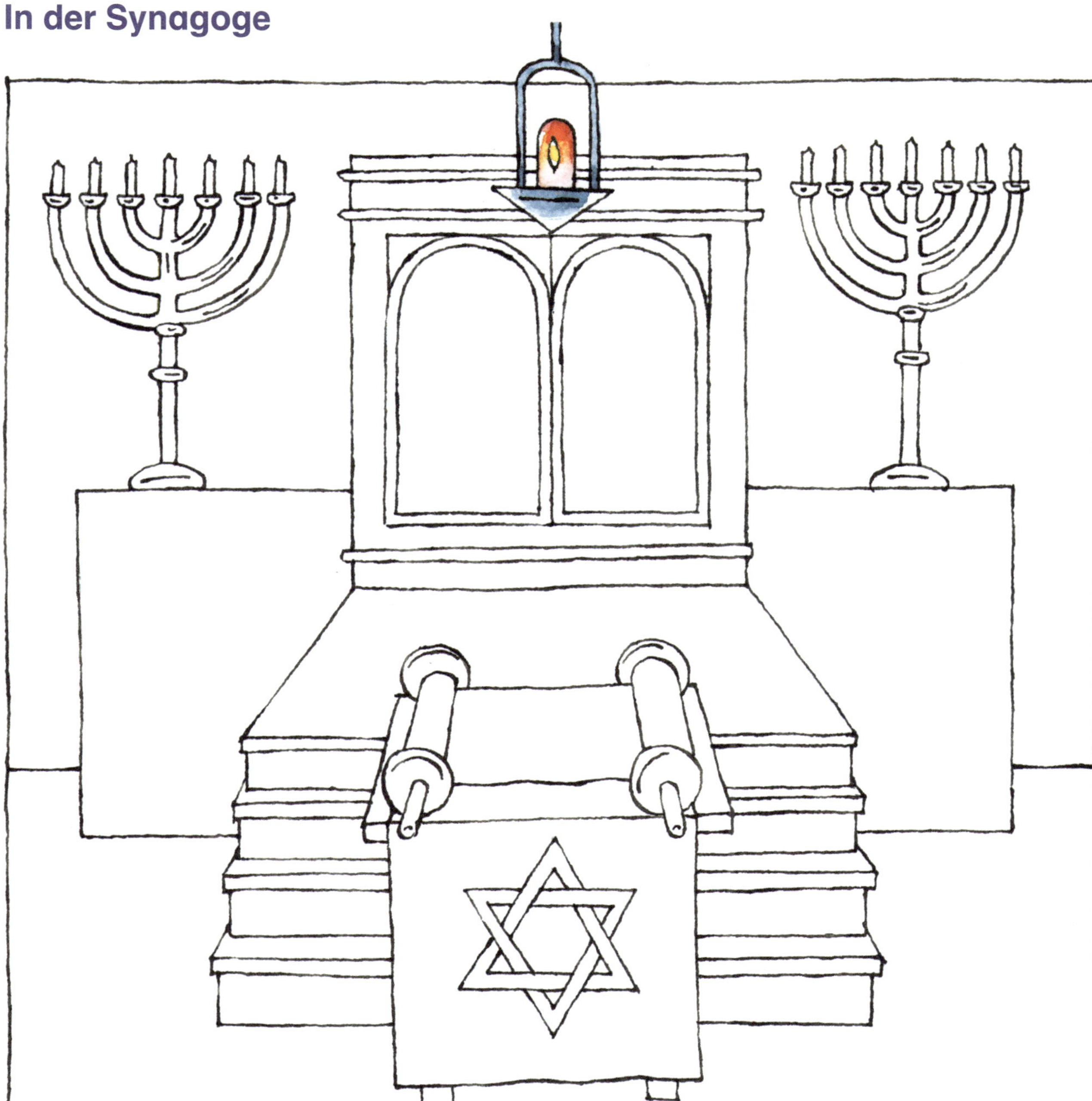

1. Die __________ ist der Versammlungsort der jüdischen Gemeinde. 2. Der Davidstern gilt seit langer Zeit als ______ für das Judentum. 3. Eine große Menora, ein siebenarmiger _________, stand früher im Tempel in Jerusalem. 4. Das Ewige Licht zeigt die Gegenwart ______ an. 5. Zwei Tafeln erinnern an die Zehn ______, die Mose am Berg Sinai von Gott bekam. 6. Im _____________ werden die Torarollen der Gemeinde aufbewahrt. 7. Die Torarolle enthält die fünf ______ Mose und ist eine heilige Schrift des Judentums. 8. Vom _________ wird der Wochenabschnitt aus der Tora vorgelesen.

Ergänze den Lückentext. Trage die Zahlen an der richtigen Stelle in die Zeichnung ein.

Male die Synagoge aus.

Die Tora – heilige Schrift der Juden

Ergänze die Namen der fünf Bücher Mose. Welche Geschichten finden wir in diesen Büchern? Trage ein, was du darüber weißt.

Erinnerung und Freude – das Laubhüttenfest

Im Herbst feiern die Juden das Laubhüttenfest. Es erinnert an die Zeit, als das Volk Israel durch die Wüste zog. Die Menschen waren auf dem Weg in das Land, das Gott ihnen versprochen hatte. Damals lebten die Israeliten in einfachen Hütten.
Noch heute bauen viele Juden eine Sukka, eine Laubhütte, die sie festlich schmücken. Dort essen sie ihre Mahlzeiten, manche wohnen sogar die ganze Woche darin.
Am letzten Tag gibt es das Fest der Tora-Freude, Simchat Tora. Dann werden alle Torarollen der Gemeinde feierlich durch die Synagoge getragen.

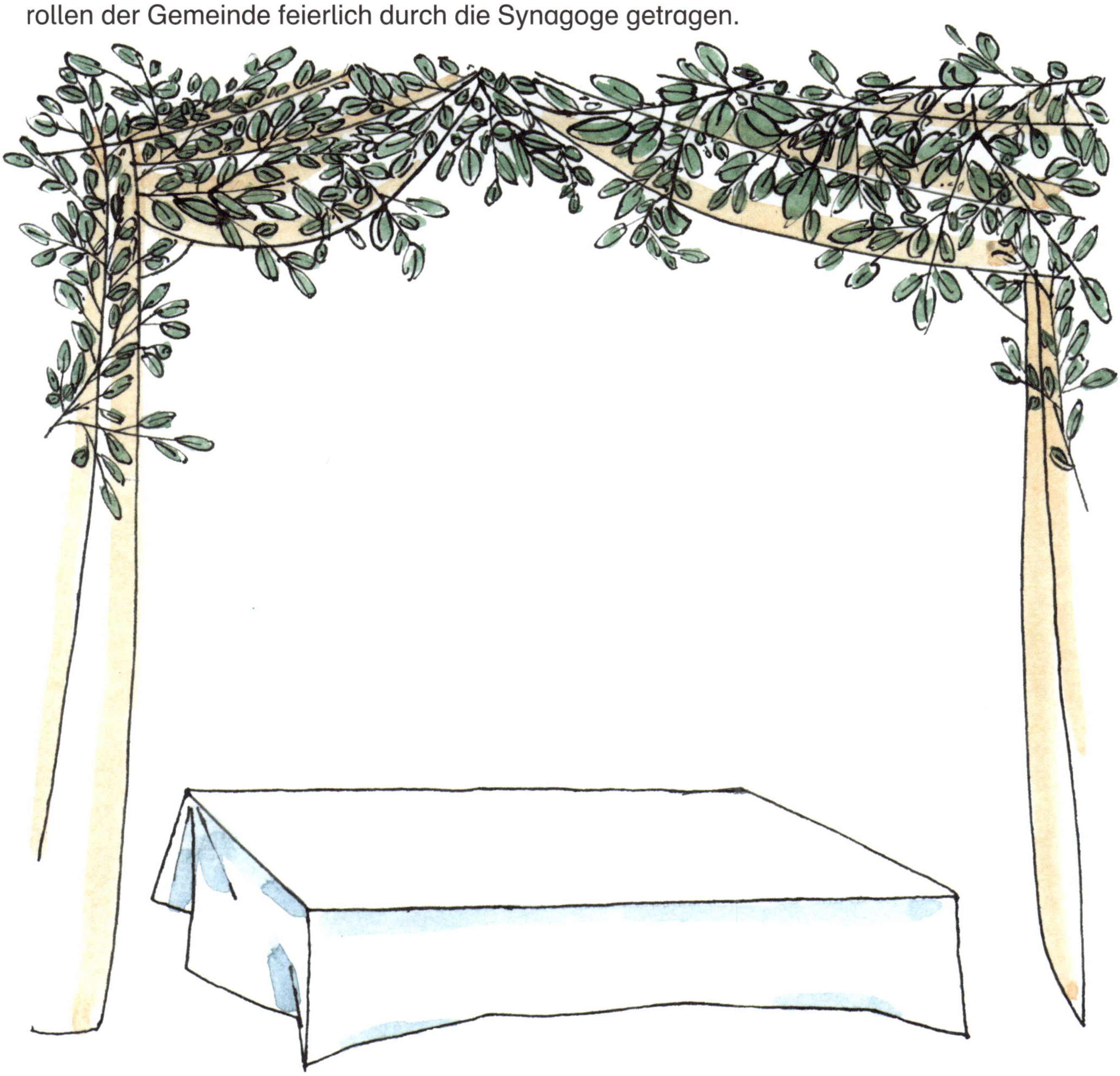

Hier siehst du eine Laubhütte, aber sie ist noch nicht festlich geschmückt. Zeichne ein, wie du die Sukka ausgestalten würdest.

Trage zusammen, was du über die Tora weißt. Warum gibt es ein Fest zu Ehren der Tora?

Zeichne auf einem gesonderten Blatt eine Torarolle. Wenn du geschickt bist, kannst du dir sogar ein kleines Modell bauen. Versuch es doch einmal!

Jesus wendet sich den Menschen zu

Zur Zeit Jesu gab es viele Menschen, die krank oder behindert waren, Hunger und Not litten oder von anderen ausgeschlossen wurden. Besonders solchen Menschen hat sich Jesus zugewendet, ihr Leid gesehen und ihnen geholfen.

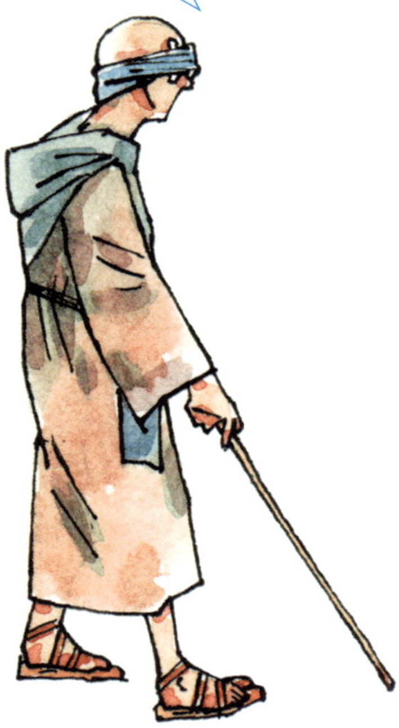

Rembrandt: Der heilende Christus, 1649
(Ausschnitt aus dem Hunderguldenblatt)

Oben siehst du Menschen, die Hilfe benötigen.
Was würde Jesus tun, wenn er ihnen begegnet? Schreibe es in die Kästchen.

Und heute?

Auch heute gibt es noch viel Leid auf der Welt, Menschen haben Hunger, leiden Not, sind krank oder behindert. Suche aus der Zeitung Bilder heraus, die solche Menschen zeigen. Klebe sie in den Rahmen.

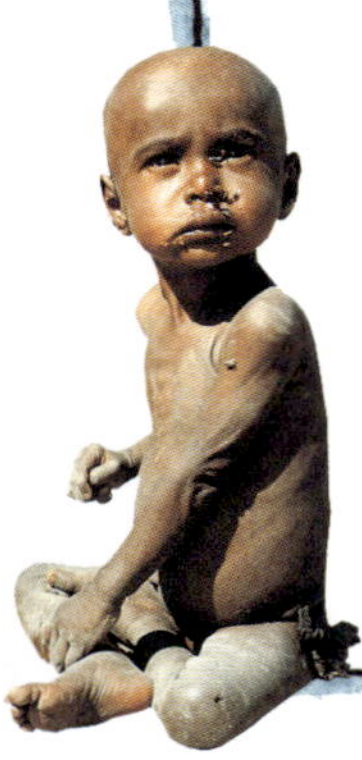

Überlegt gemeinsam, wie diesen Menschen geholfen werden kann. Schreibt eure Ideen an die Tafel.

Jeder kann anderen helfen, es ist ganz einfach. Was könnt ihr tun, um anderen zu helfen? Gibt es in eurer Nähe Einrichtungen oder Vereine, die anderen Menschen in Not helfen? Wie könnt ihr sie unterstützen? Vielleicht könnt ihr eure eigene kleine Hilfsaktion ins Leben rufen.

Der barmherzige Samariter

Ein gelehrter Mann kam zu Jesus und fragte ihn, was er tun solle, um ein gerechtes Leben zu führen. Jesus erzählte ihm eine Geschichte:

„Es war einmal ein Mann, der ging von Jerusalem nach Jericho hinab und wurde von Räubern überfallen. Sie nahmen ihm alles weg, schlugen ihn zusammen und ließen ihn halbtot auf der Straße liegen. Zufällig kam gerade ein Priester vorbei, aber als er den Verwundeten sah, ging er einfach weiter. Danach kam ein Levit des Weges, aber auch er half ihm nicht. Ein Samariter aber, der unterwegs war, fand ihn und hatte Mitleid. Er ging zu ihm hin, versorgte seine Wunden mit Öl und Wein und verband sie. Dann hob er den Verletzten auf sein Reittier, brachte ihn in eine Herberge und pflegte ihn. Am nächsten Tag gab er dem Wirt zwei Silbermünzen und sagte: ‚Sorge für diesen Mann, und wenn du mehr für ihn ausgibst, so will ich es dir bezahlen, wenn ich wieder vorbeikomme.‘ Was denkst du, welcher von diesen dreien hat den Mann wie seinen Nächsten behandelt?“

Der Mann antwortete: „Derjenige, der Mitleid mit ihm hatte und für ihn sorgte.“

Da sagte Jesus: „Also geh und mach es genau so.“

(Nach Lk 10,30-37)

Rembrandt, Der barmherzige Samariter, 1648

Lies den Text aufmerksam durch. Wenn du ein Wort nicht verstehst, frage deinen Lehrer oder deine Lehrerin.

Spielt die Handlung gemeinsam nach.

So eine Geschichte könnte sich auch heute zutragen, auf der Straße, vor dem Einkaufszentrum oder auf dem Schulhof. Überlegt gemeinsam, was passieren könnte. Schreibt eine kurze Erzählung oder zeichnet eine Bildgeschichte dazu.

Jedem kann man nicht helfen

Marko und Liberio laufen durch den Sand, über den Teil des Strandes, den das Kommen und Gehen der Meereswellen feucht und fest hält. Plötzlich stoppt Liberio, dreht einen Käfer, der hilflos auf seinem Rücken zappelt, wieder auf seine Beine. Eine Welle hat den Winzling umgeworfen. Der Gerettete eilt zum sicheren, trockenen Strand, während Liberio schneller läuft, um wieder Anschluss zu gewinnen.

„Hast du den Käfer nicht gesehen?", fragt er ein wenig außer Atem den Voranlaufenden.

„Ja", antwortet Marko.

„Und warum hast du ihm nicht geholfen?"

„Da hätte ich viel zu tun, wenn ich jedem Käfer helfen sollte", erwidert Marko schroff.

„Jedem kannst du nicht helfen", sagt Liberio, „aber ihm hättest du helfen können."

(Heribert Haberhausen)

Lies die Geschichte. Stell dir vor, du wärst dabei gewesen. Was hättest du getan?

Überdenke die letzte Woche. Schreibe auf, wem du geholfen hast und wem du nicht helfen konntest. Welche Gefühle begleiten dich dabei?

Sicher hast du auch schon manchmal gedacht, dass du nicht allen, die in Not sind, helfen kannst, auch wenn du es gern möchtest. Was sagst du dazu, wie Marko mit diesem Zwiespalt umgeht?

Wie könnte das Gespräch zwischen Marko und Liberio weitergehen? Gestaltet ein Rollenspiel dazu.

Wenn Jesus lädt zu Tische

2. Fünf Brote und zwei Fische! Wir geben gerne ab.
Fünf Brote und zwei Fische sind selbst für uns zu knapp!
Verteilt das Brot, die Fische. Dann seht ihr, dass es leicht
für viele tausend Menschen zum Sattwerden reicht.
Refrain

3. Kommt her und lasst uns essen! Greift zu, wer Hunger hat!
Fünf Brote und zwei Fische! Da wird doch keiner satt!
Doch als sie dann verteilen, da wundern sie sich sehr.
Es bleiben ihre Körbe noch immer voll und schwer.
Refrain

4. Sie teilen Brot und Fische. Und alle werden satt.
Nun seht, dass man am Ende sogar noch übrig hat.
Fünf Brote und zwei Fische. Kommt her, wer Hunger hat!
Wenn Jesus lädt zu Tische, dann werden alle satt.
Refrain

5. Das Wunder und die Botschaft. Wenn wir sie recht verstehn,
kann jederzeit das Wunder auch hier bei uns geschehn.
Gibt einer nur dem andern von dem ab, was er hat,
dann werden alle Menschen auf Erden richtig satt.
Refrain

(Text: Rolf Krenzer, Musik: Reinhard Horn)

Lest gemeinsam den Text des Liedes. Überlegt euch, wie ihr die Handlung als Rollenspiel darstellen könnt.

Singt und spielt das Lied. Am besten ist es, wenn einige von euch singen und andere spielen.

Jesus erzählt von Gottes neuer Welt

Das Reich Gottes ist wie ein Senfkorn. Wenn es gesät wird, ist es das kleinste Samenkorn auf der Welt. Und wenn es gesät ist, so geht es auf und wird größer als alle Kräuter und treibt große Zweige, so dass die Vögel unter dem Himmel in seinem Schatten wohnen können.

(Nach Mk 4,30-32)

Wie wird es in Gottes neuer Welt sein? Wie sieht sie aus? Wie werden wir Menschen darin leben? Schreibe deine Gedanken dazu in den Baum.

Was unterscheidet die Welt, in der wir heute leben, von der neuen Welt Gottes? Lies dazu auch den Text des Liedes auf der nächsten Seite.

Wir malen Gottes Paradies

R: Wir malen Gottes Paradies,
ein Bild von Gottes Welt.
Wir malen Gottes Paradies,
das Gott und uns gefällt.

2. Da könnt ihr bunte Vögel sehn
mit wunderschönen Schwingen.
Und auf der Wiese Kinder stehn,
die frohe Lieder singen.
Die Bäume sind so groß und breit
und tragen grüne Blätter.
Sie spenden Schatten jederzeit
und Schutz vor jedem Wetter.

3. Die Luft ist sauber und gesund,
und klar sind Fluss und Tümpel.
Kein Abgasrohr, kein Kraftwerk und
auch nirgendwo Gerümpel.
In Frieden leben Mensch und Tier,
die Großen und die Kleinen.
Und wenn wir malen, seht ihr hier
nicht einen Menschen weinen.

4. Und Geld und Stress sind abgetan
und wird es nie mehr geben.
Mit Liebe hält ein jedermann
den anderen am Leben.
Die großen Leute haben Zeit
für das, was sie gern machen.
Sie sind von allem Zwang befreit
und können wieder lachen.

5. Und Kriege sind hier abgeschafft
und können nichts vernichten.
Wir finden Bomben ekelhaft
und wollen gern verzichten.
Ein jeder hat für jeden Zeit
und hat nichts zu versäumen
und wird dann ohne Angst und Leid
nur gute Träume träumen.

6. Und jeder bleibt heut bei uns stehn,
weil ihm das Bild gefallen,
und will dann nicht mehr weitergehn
und schaut uns zu beim Malen.
Dann teilen wir noch Farben aus
und sagen froh und heiter:
Kommt raus aus eurem Schneckenhaus
und malt doch mit uns weiter!

(Text: Rolf Krenzer, Musik: Detlev Jöcker)

So könnte Gottes neue Welt aussehen. Unterstreiche, was dir besonders gut gefallen würde.

Malt gemeinsam ein großes Bild zu diesem Lied.

Singt das Lied gemeinsam.

Jesus wurde verhaftet!

Die Jünger sind ratlos. Jesus wurde verhaftet! Man will ihn zum Tode verurteilen! Aber was hat er denn getan? Er war doch immer für die Menschen da, half ihnen, heilte sie und sprach zu ihnen!

Giotto, Gefangennahme Christi (Der Judaskuss), Auschnitt, um 1304–1306

Was wurde Jesus vorgeworfen? Weswegen wurde er angeklagt? Schreibt es in den roten Rahmen.

Was könnten seine Jünger und Freunde zu seiner Verteidigung gesagt haben? Schreibt es in den grünen Rahmen.

Wenn Menschen traurig sind

Die Jünger und Freunde Jesu sind traurig, weil ...

Sie denken bei sich, ...

Ich bin traurig, wenn ...

Ergänze die Sätze.

Traurige können getröstet werden. Gestalte ein „Trostpflaster".

Die Osterkerze erzählt von Freude

Die Jünger und Freunde Jesu freuen sich, weil ...

Ich freue mich, wenn ...

Ergänze die Spalten.

Gestalte deine eigene Osterkerze.

Christen feiern Feste

Zu jeder Religion gehören Feste und Feiertage. Die Menschen erinnern sich, sie feiern Gottesdienste, sie singen und beten.

R	R	R	R	R	R	R	R	R	E	W	E	T	G	C
E	R	N	T	E	D	A	N	K	F	E	S	T	P	H
F	W	Q	A	K	A	R	F	R	E	I	T	A	G	R
O	E	A	M	N	C	X	L	K	P	H	R	O	R	I
R	V	S	O	N	N	T	A	G	P	N	B	C	Ü	S
M	D	S	D	X	B	N	V	A	A	A	D	T	N	T
A	F	G	A	D	H	G	B	N	L	C	V	R	D	I
T	E	E	D	W	D	F	C	V	M	H	A	I	O	H
I	X	Y	V	P	F	I	N	G	S	T	E	N	N	I
O	S	T	E	R	N	V	B	G	O	E	G	I	N	M
N	F	G	N	D	V	C	N	M	N	N	A	T	E	M
S	W	E	T	D	V	X	A	A	N	T	G	A	R	E
T	O	T	E	N	S	O	N	N	T	A	G	T	S	L
A	W	Q	X	C	V	T	Z	G	A	Z	B	I	T	F
G	D	F	E	A	E	D	P	O	G	F	D	S	A	A
H	E	I	L	I	G	A	B	E	N	D	W	E	G	H
K	P	A	S	S	I	O	N	S	Z	E	I	T	L	R
O	S	T	E	R	M	O	N	T	A	G	P	S	Y	T

Hier verstecken sich 16 Feste, die wir Christen feiern. Finde sie heraus.

Warum feiern wir diese Feste? Woran erinnern sie uns? Wie feiern wir? Erzähle darüber.

Kennst du noch andere Feste? Schreibe einige auf.

Durch das Kirchenjahr

Das christliche Kirchenjahr beginnt mit der Adventszeit und endet mit dem Totensonntag.

Weihnachts-festkreis	Erster Advent	Vierter Sonntag vor Weihnachten
		24.Dezember
	Weihnachtsfest	25./26.Dezember
	Epiphanias	6.Januar
Oster-festkreis	Aschermittwoch	Vierzig Tage vor Ostern
	Gründonnerstag	Letzter Donnerstag vor Ostern
		Letzter Freitag vor Ostern
	Osterfest	Sonntag nach dem ersten Vollmond nach Frühlingsanfang
	Christi Himmelfahrt	Donnerstag der sechsten Woche nach Ostern
	Pfingstfest	Sieben Wochen nach Ostern
Trinitatis-zeit	Trinitatis	Erster Sonntag nach Pfingsten
		Erster Sonntag im Oktober
	Reformationstag	31.Oktober
	Buß- und Bettag	Mittwoch vor Totensonntag
	Totensonntag	Sonntag vor Advent

Die liturgischen Farben:

violettweiß grün rot
Advent Weihnachten Sonntag nach Pfingsten
Passionszeit Epiphanias Epiphanias Trinitatis
Ostern Trinitatiszeit

Schreibe die fehlenden Festtage an die richtige Stelle. Wenn dir nicht alle einfallen, schau noch einmal im Rätsel auf Seite 51 nach.

Die einzelnen Abschnitte des Kirchenjahres sind durch verschiedene Farben gekennzeichnet. Male sie entsprechend aus. Dein Lehrer / deine Lehrerin hilft dir dabei.

Welches Fest gefällt dir besonders? Erzähle darüber.

Ich bin getauft

Schreibe in das Bild, was du siehst.

Lies den Taufspruch. Was geben die Eltern ihrem Kind mit auf den Weg?

Stell dir vor, du hast an einer Taufe teilgenommen. Schreibe deinem Freund / deiner Freundin einen Brief darüber.

Bist du getauft? Wie lautet dein Taufspruch? Schreibe ihn an die Tafel.

Das Abendmahl

Kommt, wir teilen das Brot

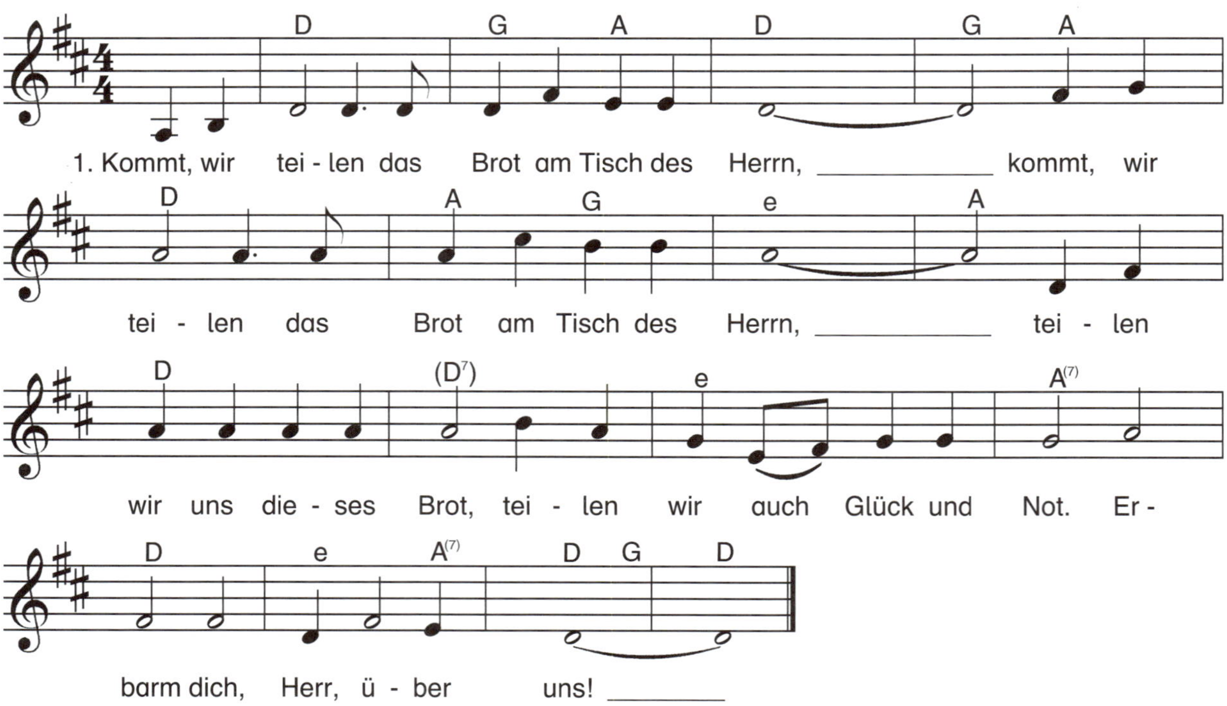

Kommt, teilen wir den Wein am Tisch des Herrn,
kommt, teilen wir den Wein am Tisch des Herrn,
teilen wir uns diesen Wein,
wird der Friede nahe sein.
Erbarm dich, Herr, über uns!

Kommt, wir teilen die Gaben unseres Herrn,
kommt, wir teilen die Gaben unseres Herrn,
denn, wer glaubt, dass Gott ihn liebt,
wird nicht ärmer, wenn er gibt.
Erbarm dich, Herr, über uns!

(Text: Friedrich Walz; Musik: Spiritual)

Im Neuen Testament wird vom letzten gemeinsamen Essen Jesu mit seinen Jüngern berichtet. Erzähle die Geschichte nach.

Wir Christen feiern das Abendmahl zum Gedenken an Jesus Christus. Was bedeuten Brot und Wein?

Bereitet gemeinsam eine Mahlzeit. Überlegt, was ihr vorher tun müsst: Wie wollt ihr den Tisch gestalten? Was wollt ihr essen? Wer besorgt was? Welche Lieder möchtet ihr singen? Bereitet alles gut vor, dann wird euer gemeinsames Essen auch viel Spaß machen.

Mit Gott reden

Gott ist mein Licht

Gott ist mein Licht,
wenn es finster ist.

Er ist mein Schutz,
wenn ich Angst habe.

Vor wem sollte ich mich fürchten?
Vor den Menschen? Vor dem Alleinsein?

Gott ist stärker.
Gott ist bei mir.

Verlass mich nicht,
zeige mir meinen Weg, begleite mich.

Wenn du bei mir bist, habe ich Mut.
Wenn du mir hilfst, bin ich stark.

Du, Gott, bist mein Licht, wenn es finster ist,
und mein Schutz in der Nacht.

Ich danke dir,
dass du mir hilfst.

(Nach Psalm 27)

Zeichne ein Bild zu diesem Gebet.

Lerne den Text auswendig. Sprecht ihn gemeinsam.

Nenne noch andere Gebete, die du kennst.

Ich möchte Gott danken

Danket, danket dem Herrn

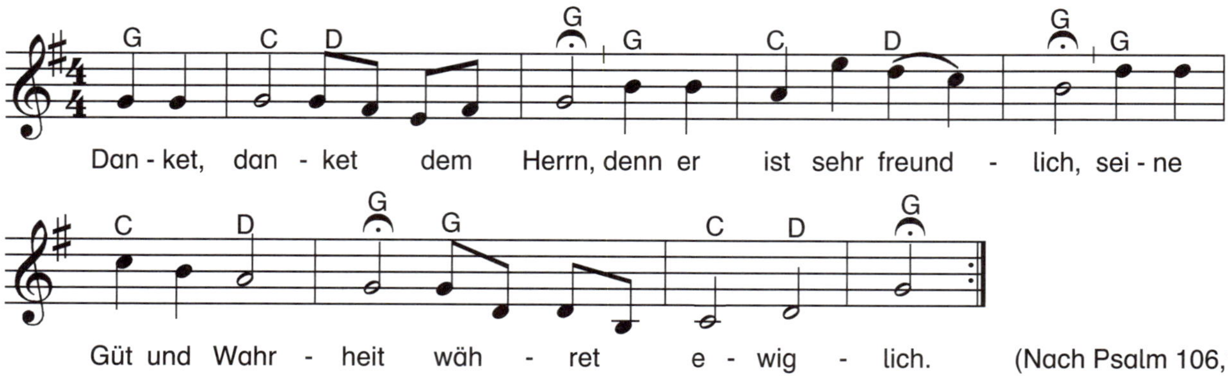

(Nach Psalm 106,1)

Ich danke dir, Gott, dass du ...

Ich danke dir, Gott, für ...

Ich danke dir, Gott, weil du ...

Ich danke dir, Gott, denn ...

Wofür möchtest du Gott danken? Schreibe ein kleines Dankgebet.

Meine Gemeinde

Wie stellst du dir deine Gemeinde vor? Zeichne in die verschiedenen Räume, was die Menschen dort tun könnten.

Wo bist du in deiner Gemeinde? Was tust du?

In der katholischen Kirche

Schreibe in die Felder, wie diese Gegenstände heißen.

Warst du schon einmal in einer katholischen Kirche? Erzähle darüber.

Sonntag ist der Tag des Herrn

Warum ist der Sonntag der Tag des Herrn?
Der Sonntag erinnert uns an die A _ _ _ _ s _ _ _ _ _ _ g Jesu.

Wie feiern wir den Sonntag?
Wir feiern den Sonntag mit einem G _ t _ _ _ d _ _ _ _ _ t.

Der Gottesdienst soll fröhlich sein

2. Wir hören jetzt auf Gottes Wort,
und davon leben wir.
Das wirkt im Alltag fort und fort,
begleitet uns an jedem Ort.
Singt nun Halleluja, Halleluja, Halleluja.
La la la ...
Und davon leben wir.

3. Wir sagen Gott, was uns bedrückt.
Er hört uns ganz gewiss.
Wenn er uns einen Kummer schickt,
wenn uns mal nichts gelingt und glückt.
Singt nun Halleluja, Halleluja, Halleluja.
La la la ...
Er hört uns ganz gewiss.

4. Wir singen Gott ein schönes Lied.
Vergesst nur nicht den Dank.
Er, der uns täglich Gutes gibt,
zeigt uns damit, dass er uns liebt.
Singt nun Halleluja, Halleluja, Halleluja.
La la la ...
Vergesst nur nicht den Dank.

1. Der Gottesdienst soll fröhlich sein.
So fangen wir nun an.
Gott lädt uns alle zu sich ein,
und keines ist dafür zu klein.
Singt nun Halleluja, Halleluja, Halleluja.
La la la ...
So fangen wir nun an.

(Text und Musik: Martin Gotthard Schneider, 1975)

Singt gemeinsam dieses Lied.

Die Bibel – ein spannendes Buch

Was bedeutet das Wort „Bibel“?	Aus welchen zwei Teilen besteht die Bibel?
Wie viele Bücher enthält die Bibel?	In welchen Sprachen wurde die Bibel geschrieben?
Woraus wird Papyrus hergestellt?	Was bedeuten die Abkürzungen „Ps“, „Jer“, „Apg“ und „Röm“?
Mit welcher Geschichte beginnt die Bibel?	Was bedeutet das Wort „Evangelium“?
Welche Evangelien kennst du?	Welches ist das letzte Buch der Bibel?
Wer übersetzte die Bibel erstmals in die deutsche Sprache?	Wer erfand den Buchdruck?

Löse die Aufgaben und trage deine Antwort in das entsprechende Feld ein.

Sicher kennst du bereits viele Geschichten aus der Bibel. Welche gefällt dir besonders gut? Warum? Erzähle sie den anderen.

Viele von euch werden eine Bibel zu Hause haben. Bringt sie zur nächsten Stunde mit und vergleicht sie miteinander. Was stellt ihr fest?

Wie die Evangelien entstanden sind

Auf den Bildern siehst du ein Beispiel dafür, wie die Evangelien entstanden sind. Verbinde die Bilder in der richtigen Reihenfolge.

Halte anhand der Bilder einen kleinen Vortrag über die Entstehung der Evangelien.

Du weißt bereits, dass die Bibel aus zwei großen Teilen besteht, dem Alten und dem Neuen Testament. Beide Teile sind auf ähnliche Art und Weise, aber zu unterschiedlichen Zeiten entstanden. Informiere dich darüber.

Menschen der Bibel

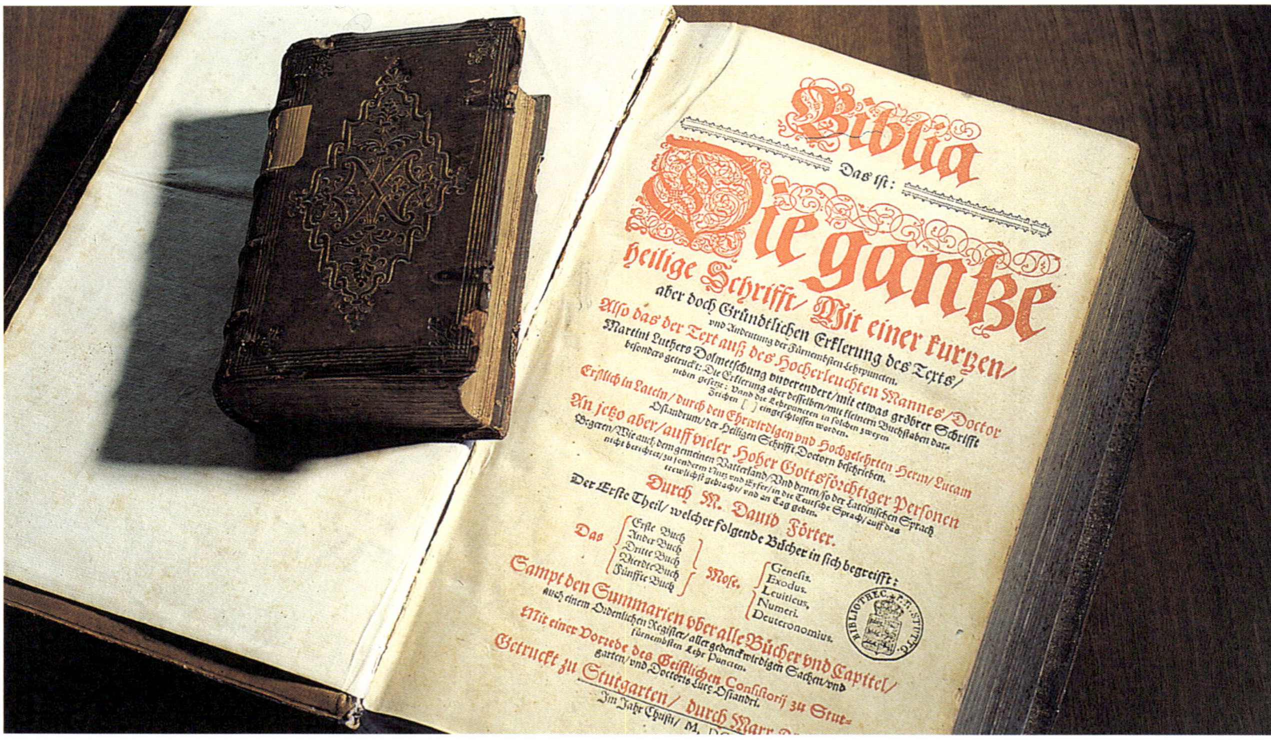

1. Mose 6, 8	Noah
1. Mose 17, 9	
1. Mose 28, 10	
1. Mose 37, 23	
5. Mose 31, 30	
Markus 2, 14	
Markus 10, 46	
Lukas 19, 2	

Schlage die Stellen in der Bibel nach. Dort findest du die Namen von Menschen, von denen die Bibel erzählt. Schreibe sie in die Kästchen.

Was weißt du über diese Personen? Sprich darüber.

Kennst du noch andere Menschen, von denen die Bibel berichtet?

Ausschneideseite zu Seite 13
„Zu Besuch in einer Moschee“

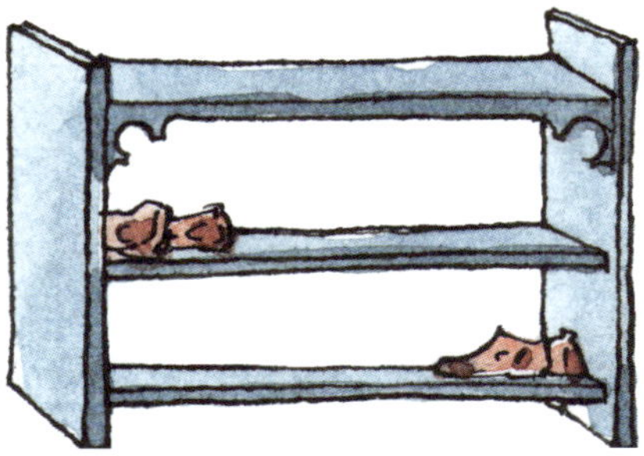

Lösungen

S. 12 (in der Reihenfolge): Islam, Muslim, Allah, Gott, Mohammed, Koran, heilige, Moschee, fünf, beten, spenden, fasten, Mekka, Zuckerfest, Opferfest

S.22/23: Jakob läuft durch die Wüste. / Er trifft Labans Familie. / Er sieht zum ersten Mal Rahel. / Jakob spricht mit Laban. / Er muss für Laban arbeiten. / Jakob heiratet Lea und Rahel. / Er zieht mit seiner Familie fort. / Jakob kämpft mit Gott. / Jakob steht Esau gegenüber. / Er versöhnt sich mit seinem Bruder.

S. 26: Mose wird in einer Hütte geboren. / Er wird auf dem Nil in einem Weidenkorb ausgesetzt. / Die Tochter des Pharao findet das Kind im Korb. / Der kleine Mose wächst am Hof des Pharao auf. / Als er groß ist, geht er zu seinen israelitischen Brüdern. / Mose erschlägt im Zorn einen ägyptischen Soldaten. / Er muss in die Wüste fliehen.

S. 29 (von links unten im Uhrzeigersinn): Ei, Lammkeule, Charosset, grüne Kräuter, Mazzen, Bitterkraut und Salzwasser

S. 34: Weisen, Dezember, Krippe, Hirten, Stern, Maria, Nacht, Weihrauch, Stall, Engel, Windeln; Lösungswort: Weihnachten

S. 36: Die Mutter zündet die Sabbatkerze an. / Der Vater segnet und bricht die Challa, das Sabbatbrot. / Der Vater segnet den Wein und reicht den Kidduschbecher weiter. / Die Familie isst gemeinsam am festlich geschmückten Tisch und begibt sich in die Synagoge.

S. 37: Synagoge, Symbol, Leuchter, Gottes, Gebote, Toraschrein, Bücher, Lesepult

S. 38: Genesis, Exodus, Levitikus, Numeri, Deuteronomium

S. 51: Sonntag, Advent, Weihnachten, Heiligabend, Passionszeit, Ostern, Gründonnerstag, Karfreitag, Ostermontag, Christi Himmelfahrt, Pfingsten, Trinitatis, Erntedankfest, Reformationstag, Totensonntag, Palmsonntag

S. 59: Auferstehung, Gottesdienst

S. 62: Abraham, Jakob, Josef, Mose, Levi, Bartimäus, Zachäus